Doodle Erziehung

Artgerechte Welpenerziehung von Labradoodle, Goldendoodle, Maltipoo & Co.

Martin Ruhr

Doodle von A bis Z

INHALT

Einleitung

Goldendoodle, Labradoodle, Cockapoo und Co. erobern die Hundewelt im Sturm. Kaum ein Hundeforum, in dem nicht diverse Beiträge über diese neumodischen Rassen zu finden sind. Darunter befinden sich jedoch nicht nur Befürworter dieser Kreuzungen, sondern teilweise auch vehemente Gegner. So wird von „Modehunden" gesprochen und von der Gier nach dem großen Geld durch dubiose Vermehrer. Doch was sind das eigentlich für Hunde, die hinter diesen teilweise recht merkwürdig klingenden Rassebezeichnungen stecken? Welche Besonderheiten bringen diese Rassen mit sich und welche Anforderungen stellen sie an ihre Halter? Eignet sich ein Doodle für Sie und Ihre Familie und wie erkennen

Sie einen seriösen Züchter? Können Doodles auch im Hundesport geführt werden oder sind sie dafür nicht geeignet? Was macht den Charakter dieser Hunde aus und was frisst so ein Doodle eigentlich? Braucht er eine spezielle Pflege und kann man diese auch selbst vornehmen?

Diese und viele weitere Fragen werden in diesem Ratgeber beantwortet. Außerdem erfahren Sie, woher der Trend stammt, Doodles zu züchten, und was die ursprüngliche Intension hinter der Vermischung der verschiedenen Rassen mit dem Pudel war.

Ich wünsche Ihnen viel Spaß beim Lesen!

Ein Rasseportrait – der Doodle

Munter, fröhlich, dem Menschen zugewandt, aufmerksam, freundlich und immer für jeden Spaß zu haben – so in etwa klingen die Rassebeschreibungen der Doodles. Sie gelten als ausgesprochen **freundliche und offene Hunde**, die eine besondere Eigenschaft vereint: **Sie haaren so gut wie nicht**.

Das war auch der ursprünglich ausschlaggebende Punkt, wieso diese neu kreierten Rassen überhaupt geschaffen wurden. Immer mehr Menschen leiden unter Allergien, insbesondere an einer Tierhaarallergie. Man erkannte jedoch, dass Pudel oftmals kein „allergenes“

Fell haben und Menschen mit einer Allergie nahezu problem- und vor allem symptomlos mit ihnen umgehen können. Da Pudel, egal ob Toy-, Zwerg oder Großpudel, nicht unbedingt jedermanns Sache sind, wurde nach einer Lösung gesucht, wie man zum Beispiel das freundliche Aussehen eines Golden Retrievers oder den als unheimlich freundlich geltenden Charakter des Labradors mit den Felleigenschaften eines Pudels vereinen könne. Daraus entstand der „Doodle".

Nach und nach kreierten die Züchter immer mehr Kreuzungen aus den unterschiedlichsten Rassen und eben dem Pudel. So gibt es heute (Stand 2020) 15 verschiedene Doodle- bzw. Poo-Rassen, die jedoch allesamt nicht anerkannt sind und für die es bisher auch keine Zuchtverbände gibt.

ENTSTEHUNG DER RASSE(N) UND ZUCHTZIEL

Das Zuchtziel war von Beginn an ein vierbeiniger Wegbegleiter, der wenig bis gar nicht haart und somit das Risiko für allergische Reaktionen senkt, damit auch Allergiker einen Hund halten können. Auch als Blindenhunde für Allergiker wurden diese „speziellen" Hunde gezüchtet. Begann man zuerst mit der Kreuzung von Labrador, bzw. Golden Retriever und Pudel, so stieg gleichzeitig die Nachfrage nach anderen „Charakteren", denn nicht jeder sucht nach einem einfachen Familienhund. Viele Menschen, die an einer Tierhaarallergie leiden und nun endlich ihren Traum vom eigenen Hund erfüllt sehen, wünschen sich einen Vierbeiner mit dem sie all das ausleben können, was mit anderen „normalen" Rassen ebenfalls möglich ist, wie zum Beispiel die Teilnahmen an den verschiedenen Disziplinen des Hundesports. Doch auch die Größe des Hundes war entscheidend, denn kreuzt man einen Großpudel mit einem Labrador, so wird man keinen „Schoßhund" erhalten, sondern eben einen mittelgroßen bis großen Hund.

Somit begann man kleinere Pudelvarianten und andere kleine Rassen zu verpaaren, um auch den Wunsch nach kleineren Hunden erfüllen zu können. Daraus entstanden dann nach und nach die 15 verschiedenen Varianten der Doodle- und Poo-Kreuzungen.

DIE VIELFALT DER DOODLES

Wie bereits erwähnt wurden immer mehr verschiedene Rassen mit dem Pudel gekreuzt, um sowohl die Charaktereigenschaften der jeweiligen Partnertiere und die Felleigenschaften des Pudels zu erhalten. Dabei wurde mittlerweile fast jeder „Anspruch" abgedeckt.

Egal ob kleiner Hund, großer Hund, Arbeitshund oder Familienbegleiter.

Labradoodle

Diese Hybridrasse ist so ziemlich die erste, die „erschaffen“ wurde. Der Labradoodle ist heute auch der bekannteste Vertreter der Doodle und wurde bisher am häufigsten gezüchtet und verkauft.

- Mini Labradoodle: 36-43 cm Schulterhöhe, 7-14 kg Gewicht
- Medium Labradoodle: 44-53 cm Schulterhöhe, 13-20 kg Gewicht
- Standard Labradoodle: 54-63 cm Schulterhöhe, 27-45 kg Gewicht

Charakter: freundlich, familientauglich, kinderlieb, folgsam, ausgeglichen, gelehrig.

Farben: einfarbig schwarz, weiß, creme, rot, aber auch mehrfarbig ist möglich

Felllänge: kurz, kraus bis wellig, lang

Goldendoodle

Der neben dem Labradoodle bekannteste Vertreter der Doodle-Hybridrassen ist der Goldendoodle, der, wie unschwer am Namen zu erkennen ist, aus einer Verpaarung von Pudel und Golden Retriever entsteht.

- Mini Goldendoodle: 36-43 cm Schulterhöhe, 7-14 kg Gewicht
- Medium Goldendoodle: 44-53 cm Schulterhöhe,

13-20 kg Gewicht

- Standard Goldendoodle: 54-63 cm Schulterhöhe, 27-45 kg Gewicht

Charakter: freundlich, familientauglich, kinderlieb, folgsam, ausgeglichen, gelehrig

Farben: einfarbig schwarz, weiß, creme, aber auch mehrfarbig ist möglich

Felllänge: kurz, kraus bis wellig, lang

Double Doodle

Der Double Doodle wird eher selten gezüchtet. Er entsteht aus der Verpaarung von Labradoodle mit Goldendoodle.

- Mini Double Doodle: 36-43 cm Schulterhöhe, 7-14 kg Gewicht
- Medium Double Doodle: 44-53 cm Schulterhöhe, 13-20 kg Gewicht
- Standard Double Doodle: 54-63 cm Schulterhöhe, 27-45 kg Gewicht

Charakter: freundlich, familientauglich, verschmust, kinderlieb, folgsam, ausgeglichen, gelehrig

Farben: einfarbig schwarz, weiß, creme, rot, aber auch mehrfarbig ist möglich

Felllänge: kurz, kraus bis wellig und lang

Cockapoo

Ein Vertreter der kleineren Doodle- bzw. Poo-Varianten ist der Cockapoo, welcher aus der Verpaarung von Cocker Spaniel und Pudel entsteht.

- Toy Cockapoo: 25-35 cm Schulterhöhe, 2-4 kg Gewicht
- Zwerg Cockapoo: 30-40 cm Schulterhöhe, 4-6 kg Gewicht
- Maxi Cockapoo: 35-45 cm Schulterhöhe, 7-14 kg Gewicht

Charakter: gelehrig, freundlich, agil, aufgeweckt, aufmerksam, aufgeschlossen

Farben: beige, braun, schwarz, silber, weiß, apricot

Felllänge: kurz, kraus bis wellig

Cavoodle

Dieser kleine Vertreter der Doodle-Rassen entsteht bei der Verpaarung von Pudel und Cavalier King Charles Spaniel.

- Standard Cavoodle: 30-35 cm Schulterhöhe, 5-7 kg Gewicht

Charakter: kinderlieb, freundlich, offen, verschmust, gelehrig, agil

Farben: einfarbig schwarz, grau, beige, weiß, tan, ruby, tricolor

Felllänge: kurz, kraus bis wellig oder lockig

Schnoodle

Diese Hybridrasse hat meist ein sehr drolliges Aussehen. Schnoodle entstehen bei einer Verpaarung von Pudel und Schnauzer.

- Standard Schnoodle: 30-40 cm Schulterhöhe, 5-8 kg Gewicht

Charakter: freundlich, aufgeschlossen, familientauglich, folgsam

Farben: einfarbig schwarz, weiß, grau, braun, gescheckt

Felllänge: kurz, kraus bis wellig

Irish Doodle

Vorstehhund trifft Wasser-Jagdhund, oder anders gesagt: Pudel trifft Irish Setter. Heraus kommt ein großer, sehr agiler, freundlicher Hund mit Jagdambitionen.

- Standard Irish Doodle: 55-70 cm Schulterhöhe, 25-35 kg Gewicht

Charakter: gelehrig, agil, bewegungsfreudig, Jagdinstinkt, intelligent, sensibel

Farben: einfarbig rot, braun

Felllänge: kurz, kraus bis wellig, mittellang

Australian Labradoodle

Diese Variante des Doodles ist schwer zu bekommen und dementsprechend selten. Sie entsteht über mehrere Zuchtvorgänge aus Pudel, Labrador, Cocker Spaniel und Irish Water Spaniel. Hin und wieder mischt auch noch ein Soft Coated White Terrier mit.

- Mini Australian Labradoodle: 30-45 cm Schulterhöhe, 12-18 kg Gewicht
- Medium Australian Labradoodle: 45-55 cm Schulterhöhe, 18-25 kg Gewicht
- Standard Australian Labradoodle: >55 cm Schulterhöhe, bis 45 kg Gewicht

Charakter: freundlich, aufgeschlossen, agil, intelligent, loyal

Farben: nahezu alle Farben sind möglich

Felllänge: mittellang, wellig bis lockig

Bernedoodle

Diese Hybridrasse ist noch recht neu. Sie entsteht aus der Verpaarung von Pudel und Berner Sennenhund.

- Bernedoodle: 58-70 cm Schulterhöhe, 30 bis 40 kg Gewicht

Charakter: freundlich, familientauglich, kinderlieb, gutmütig, ausgeglichen, gelehrig

Farben: Kombination aus weiß-schwarz-braun, schwarz, schwarz-weiß, schwarz-braun

Felllänge: kurz, kraus bis wellig und lang

Bollipoo

Der Bollipoo besticht durch sein niedliches Aussehen und seine geringe Größe. Er entsteht aus der Verpaarung von Pudel und Bolonka Zwetna.

- Standard Bollipoo: 23-30 cm Schulterhöhe,

2,5-5,5 kg

Charakter: freundlich, familientauglich, kinderlieb, folgsam, ausgeglichen, gelehrig

Farben: einfarbig schwarz, weiß

Felllänge: kraus bis wellig, kurz bis mittellang

Boxerdoodle

Unverkennbar ist hier der Ursprung dieser Hybridrasse. Wie der Name schon verrät, entsteht diese Variante der Doodle aus einem Pudel und einem Boxer. Dementsprechend groß sind diese Hunde auch, wobei es auch Verpaarungen mit kleineren Pudelarten gibt, die zu kleineren Boxerdoodle-Varianten führen.

- Mini Boxerdoodle: 30-38 cm Schulterhöhe, 6 bis 8 kg Gewicht
- Medium Boxerdoodle: 38-45 cm Schulterhöhe, 9 bis 25 kg Gewicht
- Standard Boxerdoodle: 45-65 cm Schulterhöhe, 25 bis 35 kg Gewicht

Charakter: freundlich, familientauglich, kinderlieb, verspielt, ausgeglichen, sensibel

Farben: Farbkombination oder einfarbig aus den Farben schwarz, weiß, braun, creme

Felllänge: kurz, kraus bis wellig, mittellang

Aussiedoodle

Diese Hybridrasse wird immer beliebter, denn sie bietet eine vielfältige Verwendungsmöglichkeit. Durch die Verpaarung von einem Australian Shepherd und einem Pudel entsteht ein extrem gelehriger, kluger, wendiger und sportbegeisterter Hund.

- Toy Aussiedoodle: 30-35 cm Schulterhöhe, 7 bis 12 kg Gewicht
- Mini Aussiedoodle: 40-50 cm Schulterhöhe, 12 bis 20 kg Gewicht
- Standard Aussiedoodle: 50-55 cm Schulterhöhe, 21 bis 35 kg Gewicht

Charakter: freundlich, gelehrig, klug, sportlich, temperamentvoll, gehorsam

Farben: braun, weiß, rot, schwarz, gescheckt oder mit Abzeichen

Felllänge: mittellang, kraus bis wellig und lang

Bordoodle

Diese Hybridrasse ist ebenso wie der Aussiedoodle sehr gelehrig, klug und bewegungsfreudig. Sie entsteht durch die Verpaarung eines Pudels mit einem Border Collie.

- Mini Bordoodle: 30-38 cm Schulterhöhe, 6 bis 8 kg Gewicht
- Medium Bordoodle: 38-43 cm Schulterhöhe, 11 bis 18 kg Gewicht

- Standard Bordoodle: 43-56 cm Schulterhöhe, 18 bis 25 kg Gewicht

Charakter: freundlich, gelehrig, klug, sportlich, temperamentvoll, gehorsam

Farben: einfarbig schwarz, weiß, creme, rot, aber auch mehrfarbig ist möglich

Felllänge: mittellang, kraus bis wellig und lang

Maltipoo

Der Maltipoo gehört zu den kleinen Vertretern der Doodle-Rassen und entsteht aus der Verpaarung von Pudel und Malteser. Diese Hunde bestechen durch ihre geringe Größe.

- Standard Maltipoo: 20-28 cm Schulterhöhe, 2 bis 5 kg Gewicht

Charakter: freundlich, familientauglich, kinderlieb, folgsam, ausgeglichen, gelehrig

Farben: einfarbig schwarz, weiß, creme, apricot, aber auch mehrfarbig

Felllänge: kurz, kraus bis wellig, mittellang und lang

Yorkiepoo

Einer der kleinsten Vertreter der Doodle Rassen ist der Yorkiepoo. Er besticht durch seine geringe Größe und seinen aufgeweckten, teils witzigen und frechen Charakter.

- Standard Yorkiepoo: 15-38 cm Schulterhöhe, 2 bis 6 kg Gewicht

Charakter: freundlich, familientauglich, kinderlieb, gelehrig, bewegungsfreudig
Farben: einfarbig schwarz, weiß, creme, braun, apricot
Felllänge: kurz, kraus bis wellig und mittellang

ANFORDERUNGEN AN DEN HALTER

Da in jedem Doodle auch ein Pudel steckt, sind diese Rassen nicht zu unterschätzen. Pudel gelten als die intelligenteste Hunderasse und das vererben sie durchaus weiter. Außerdem gehören Pudel, auch wenn man sie eher nur gut frisiert von Ausstellungen kennt, zu den Wasser-Jagdhunden. Und auch ihre Verpaarungspartner bringen die ein oder andere Eigenschaft mit, die nicht zu unterschätzen ist. Somit sollte man sich vorher gut überlegen, welche „Kombination" zum eigenen Leben und den Vorstellungen passt. Faul sind sie jedoch alle nicht.

Durch ihre hohe Intelligenz wollen sie sowohl geistig als auch körperlich beschäftigt werden. Sie sollten sich also darüber im Klaren sein, dass diese Hunde viel Beschäftigung und auch viel Auslauf brauchen. Wichtig ist jedoch dennoch, ein gesundes Maß beizubehalten, da es sonst dazu kommen kann, dass die Hunde „hyperaktiv" werden und gar nicht mehr zur Ruhe kommen. Tasten Sie sich also langsam heran und steigern Sie die Aktivitäten nicht von Mal zu

Mal. Genaueres zur Erziehung und zur Auslastung finden Sie weiter hinten im Buch.

Grundsätzlich sind Doodle jedoch relativ anspruchslose Hunde. Da sie als sehr freundlich, offen und gesellig gelten, gibt es eher selten Probleme mit anderen Hunden, anderen Tieren oder Menschen. Wichtig hierfür ist natürlich auch die Sozialisierung. Auch hierzu finden Sie weiter hinten im Buch wertvolle Tipps und Ratschläge, damit aus Ihrem Doodle ein perfekter Begleiter wird.

Je nach Felllänge und Fellbeschaffenheit kann es erforderlich sein, den Doodle regelmäßig zu Bürsten oder zu Kämmen. Nicht unbedingt, um lose Haare zu entfernen, denn von denen verlieren sie wahrlich wenige, sondern um zu verhindern, dass das meist wellige bis lockige Fell verknotet und es so zu unschönen Fellplatten verkommt. Aber auch um Dreck und Sand auszukämmen, ist es sinnvoll, in regelmäßigen Abständen zur Bürste zu greifen.

Was Sie noch alles beachten sollten bei der Fellpflege und dem „Styling" Ihres Doodles, erfahren Sie ebenfalls später im Buch.

Von Anfang an – der eigene Doodle

Sie haben sich über Doodle informiert und möchten sich nun einen anschaffen? Dann sollten Sie zuallererst mit dem Rest der Familie sprechen, denn eine solche Entscheidung sollte nie von einer Person im Alleingang entschieden werden. Ihr Doodle wird Sie nämlich für **mindestens 10 Jahre** begleiten und jedes Familienmitglied wird gefragt sein, wenn es um die Haltung und Pflege des Hundes geht. Außerdem sollte auch die **Zeitplanung** stimmen! Im Idealfall sollten Sie **sich 1-2 Wochen Urlaub** nehmen, wenn der Welpe einzieht, damit genügend Zeit bleibt, ihn einzugewöhnen und ihm auch das Alleinsein beibringen zu können!

Wenn alle zugestimmt haben, stellt sich natürlich die Frage: Welcher Doodle soll es sein und woher bekommt man ihn? Erfahren Sie nun, worauf Sie beim Welpenkauf achten sollten.

WELCHER DOODLE PASST ZU MIR?

Weiter vorne im Buch haben Sie ja bereits die Rassebeschreibungen der einzelnen Doodle-Varianten lesen können. Das sollte einen ersten Anhaltspunkt dafür darstellen, welcher Hundecharakter von welcher Rasse vertreten wird. Nun sind Sie gefragt: **Seien Sie bitte ehrlich zu sich selbst** und fragen Sie sich, **was Sie Ihrem Hund bieten können**, bzw. was Ihre Familie dem vierbeinigen Begleiter bieten kann. Denn hier ist es ganz entscheidend eine realistische Einschätzung der Situation zu machen, **damit der Hund auch wirklich zum Familienleben und dem Alltag passt**. Es nützt nichts, sich einen Hund mit hohem Bewegungsdrang und Arbeitswillen zu holen, wenn Sie und Ihre Familie eher ruhig sind und lediglich (kurze) Spaziergänge zu schätzen wissen, anstatt 2 x die Woche auf dem Hundeplatz beim Agility, Flyball oder Obedience zu stehen.

Ist diese Entscheidung getroffen, dann möchten Sie sicher auch wissen, worauf Sie achten sollten, wenn Sie nach einem Welpen suchen. Grundsätzlich haben Sie die Wahl zwischen einem Welpen vom Züchter, gegebenenfalls einem älteren Hund vom Züchter oder einem Doodle aus dem Tierheim. Wenn Sie Ihren Doodle von einem Züchter kaufen möchten, sollten Sie auf einiges achten.

DEN RICHTIGEN ZÜCHTER FINDEN

Es ist heutzutage scheinbar recht einfach, einen Züchter zu finden. Man gibt einfach „Doodle Züchter" in eine Internet-Suchmaschine ein und erhält unzählige Ergebnisse. Allerdings sollten Sie genau an diesem Punkt bereits anfangen auszusortieren, denn auch wenn die Suchmaschine Hunderte Ergebnisse anzeigt, so heißt das nicht, dass alle, die dort ihre Welpen inserieren, auch seriös sind. Doch woran erkennt man einen seriösen Züchter?

- Eine gute und informative Internetpräsenz ist heute eigentlich Standard. Ein Züchter, der sich und seine Hunde vorstellen möchte, der nimmt sich auch die Zeit, eine Homepage zu erstellen.
- Wie viele Informationen erhalten Sie bereits vorab über den Züchter und seine Hunde?
- Wenn Sie sich auf Kleinanzeigen Portalen umsehen, dann schauen Sie auch, ob die Anzeigen liebevoll

und informativ geschrieben sind und ob alle wichtigen Angaben vorhanden ist.

- Da es noch keine (anerkannten) Rassen sind, wird es keinen Züchter geben, der speziell diese Rasse in einem Verein züchtet. Dennoch sollte der Züchter auf bestimmte Dinge, wie die Wesensfestigkeit, die Gesundheit und die Eignung der Zuchthunde achten.
- Wurden die Elterntiere untersucht (HD, ED, etc.)? Gibt es darüber Nachweise?
- Haben die Elterntiere Papiere? Diese müssen nicht zwingend vom VDH sein, denn auch der VDH verfolgt nicht zwingend immer die richtigen Ansätze, sondern setzt bei manchen Rassen mehr auf Optik, statt auf Gesundheit.
- Züchtet der Züchter nebenher noch weitere Rassen? Eine weitere, gegebenenfalls recht ähnliche Rasse, ist nicht unbedingt ein schlechtes Zeichen. Bei „Züchtern" die jedoch 3, 4 oder mehr Rassen gleichzeitig „züchten", sollte man vorsichtig sein, denn die Zucht erfordert viel Zeit, Engagement, Herzblut und vor allem Wissen! Dies für mehrere Rassen gleichzeitig zu haben ist eher unwahrscheinlich.
- Gibt es einen Kaufvertrag für die Welpen, oder werden sie einfach im Austausch gegen Geld herausgegeben?
- Informiert sich der Züchter darüber, wie sein

Welpe bei Ihnen leben wird, oder ist es ihm egal?

- Lädt der Züchter Sie vorab bereits ein oder zwei Mal zum Kennenlernen ein, oder geht es bei dem Treffen nur um den Verkauf des Welpen?
- Mit welchem Alter sollen die Welpen abgegeben werden? 8, 10 oder 12 Wochen? Finger weg von Züchtern, die ihre Welpen vor der 8. Woche abgeben wollen/würden!
- Wie reagieren die Welpen auf das Hinzukommen der Mutter? Manchmal wird eine andere Hündin gezeigt, die besser ausschaut als die ausgelaugte Mutterhündin!

Dies sind Anhaltspunkte, an denen Sie festmachen können, ob Sie es gerade mit einem Vermehrer zu tun haben, oder mit jemandem der Ahnung hat von dem, was er da tut und dem seine Hunde wichtig sind. Denn jemand der weder auf die Gesundheit der Elterntiere noch auf die Gesundheit der Welpen großen Wert legt, ist mit Sicherheit kein seriöser Züchter. Auch jemand, dem es scheinbar nur um das Geld geht und den es nicht interessiert, wohin seine Welpen gehen, ist kein seriöser Züchter.

Wenn Sie nun also aufmerksam im Internet unterwegs waren und sich für einen, zwei oder sogar mehrere Züchter entschieden haben, die seriös zu sein scheinen und bei denen Sie ein gutes Gefühl haben, dann geht es darum den richtigen Welpen zu finden.

WAS SIE BEIM WELPENKAUF BEACHTEN SOLLTEN

Die Entscheidung für den „richtigen“ Welpen ist durchaus sehr bedeutend, denn Sie werden Ihr Leben mit diesem Hund im besten Fall für mindestens 10 Jahre teilen. Sie sollten sich also Zeit lassen und hier **nicht nur nach der Optik** zu entscheiden, sondern **auch nach dem Charakter**. Denn es nützt nichts, wenn Sie den hübschesten Welpen aus dem Wurf nehmen, dieser aber einen (zu) starken Charakter besitzt oder zu hohe Anforderungen an Sie stellt, die Sie nicht erfüllen können. Ein guter Züchter kennt seine Welpen jedoch sehr gut und kann Sie beraten. Während Sie mit den Welpen kuscheln, sollten Sie jedoch nicht vergessen, sich **auch einmal umzusehen**, denn der Ort, an dem die Welpen aufwachsen, ist maßgeblich dafür, wie sie sich später verhalten werden. Außerdem kann man am Eindruck des Züchter-Zuhauses durchaus einiges ablesen. Wenn Sie sich also einen Wurf anschauen fahren, dann achten Sie dabei auf Folgendes:

- Welchen Eindruck machen die Elterntiere? Dürfen Sie diese überhaupt sehen?
- Welchen Eindruck macht die gesamte Anlage beim Züchter? Ist es ordentlich und sauber?

- Wie verhalten sich die Hunde gegenüber dem Züchter? Sind sie sehr unterwürfig und schüchtern, oder herrscht eine innige Beziehung?
- Welchen Eindruck machen die Welpen? Sind sie aufgeweckt und neugierig, oder eher zurückhaltend und träge? Haben sie dicke (aufgebläht wirkende) Bäuche? Denn dies könnte ein Hinweis auf einen (massiven) Wurmbefall sein.
- Ist die Wurfbox, in der die Welpen leben, (halbwegs) ordentlich und sauber? Natürlich sind die kleinen Welpen noch nicht stubenrein und es geht auch mal ein Malheur in die Wurfbox, aber diese sollte dennoch regelmäßig gesäubert werden!
- Kann Ihnen der Züchter viel über seine Hunde und die Welpen, sowie deren Charaktere erzählen? Kommuniziert er überhaupt mit Ihnen?
- Beantwortet der Züchter Ihre Fragen, oder macht es den Eindruck als wolle er, dass Sie sich schnell entscheiden, damit er schnellstmöglich den Welpen verkaufen kann?

WELPE ODER ERWACHSENER HUND?

Nun war hier die ganze Zeit die Rede von einem Welpen. Natürlich gibt es auch die Möglichkeit einen etwas älteren, oder sogar schon erwachsenen Doodle zu adoptieren. Manchmal sind dies zur Zucht ungeeignete Hunde, oder Hunde, die zum Züchter zurückgegeben wurden, weil sich beispielsweise die Lebensumstände der vorigen Besitzer geändert haben. Aber auch in den Tierheimen landen hin und wieder Doodles und warten auf ein schönes Zuhause. Einen „gebrauchten" Hund zu kaufen ist keinesfalls schlecht oder verwerflich. Der ganz klare Vorteil ist: Man weiß bereits, „was" man bekommt, denn ein erwachsener Hund ist in seinem Charakter gefestigt und man weiß meist auch etwas über seine Vorgeschichte, seine Vorlieben und gegebenenfalls „Probleme". Außerdem können Sie so davon profitieren, dass diese Hunde zu 99 % bereits stubenrein sind. Das erspart Ihnen einiges an Putzarbeit und Nerven.

GRUNDAUSSTATTUNG FÜR DEN DOODLE

Ganz egal ob nun ein Welpe, ein Halbstarker oder ein erwachsener Hund bei Ihnen einzieht – eine gewisse Grundausstattung ist für jeden Hund notwendig. Zuerst denken Sie dabei sicher an eine Leine, ein Halsband und einen Napf. Aber zur Grundausstattung gehört noch ein bisschen mehr als nur das, denn Ihr Hund möchte sich in seinem neuen Zuhause auch direkt wohlfühlen. Außerdem benötigt er einen Schlaf- und Rückzugsort, gegebenenfalls ein Geschirr, eine Schleppleine und noch vieles anderes, was zu einem glücklichen Hundeleben dazugehört. Doch beginnen wir von Anfang an.

Wenn Sie Ihren Hund beim Züchter holen, dann gibt dieser Ihnen meist ein kleines „Starterpaket" mit. Darin enthalten ist oft ein **Halsband**, manchmal auch eine **Leine** sowie das gewohnte Futter und gegebenenfalls auch eine Decke, die nach der Mama riecht. Alternativ bringen Sie zur Abholung ein **passendes Halsband** mit. Die passende Leine sollten Sie dann natürlich auch griffbereit haben. Das Halsband ist für die Abholung okay. Es ist jedoch sinnvoll, zeitnah auf ein **gut sitzendes Geschirr umzusteigen**. Das ist für Sie und Ihren Welpen sehr viel angenehmer und gerade am Anfang, wenn der Welpe erst noch lernt, Ihnen zu vertrauen, wird es immer wieder Situationen geben, in denen er sich erschreckt und weglaufen möchte. Dann ist ein Ruck am Halsband sehr unschön und kann sogar gefährlich werden. Besser ist es dann, wenn der Druck über das Geschirr auf viele Punkte verteilt wird. Bei der Wahl der Leine sollten Sie, je nach Größe des Welpen, darauf achten, dass der Karabiner nicht zu groß und zu schwer ist.

Nun besteht das Zusammenleben mit dem Welpen natürlich nicht nur aus Spazierengehen, sondern auch viel aus **Schlafen**. Dafür braucht Ihr Hund natürlich eine **Schlafstätte**. Hier scheiden sich die Geister und schlussendlich entscheidet hier sowohl Ihr Geschmack als auch die Vorliebe Ihres Hundes. So bietet der Markt unzählige Varianten von **Bettchen, Körbchen und auch Höhlen** (für kleinere Hunde). Manche Hundehalter setzten hier auf einen „**Homekennel**". Das ist ein Käfig, in den eine dicke Decke oder ein Bettchen gelegt wird und der gegebenenfalls auch noch mit Decken abgehangen wird. So entsteht eine Höhle, die auch für größere Hunde geeignet ist. Dies hat den Vorteil, dass der Hund eher versteht, dass er sich dorthin zum Ausruhen und Erholen zurückziehen soll. Denn eines sollten Sie von Anfang an respektieren: Der Schlafplatz des Hundes ist ein Rückzugsort! Zieht sich Ihr Hund dorthin zurück, dann sollte er dort auch nicht bedrängt, „zwangsbekuschelt" oder gestört werden!

Damit gerade Welpen ihre spitzen Milchzähnchen

nicht in die Möbel oder die teuren Schuhe stecken, sollte außerdem **Spielzeug** vorhanden sein. Achten Sie dabei darauf, dass es sich um **hochwertiges Spielzeug** handelt, welches einen **stabilen Eindruck** macht und **keinerlei verschluckbare Kleinteile** enthält. Dazu zählen vor allem Plastikaugen, die gern an Plüschtiere genäht werden. Gut geeignet sind **Dummys** in verschiedenen Formen, Farben und aus verschiedenen Materialien. Aber auch **Taue** können geeignet sein. Hier jedoch darauf achten, dass einzelne lose Fäden immer direkt entfernt werden, da sie sonst verschluckt werden können. Bei Bällen ist darauf zu achten, dass sie keine typische Tennisballoberfläche haben, da diese bei häufigem Kauen auf dem Ball dazu führen, dass sich die Zähne abwetzen!

Wenn Sie schon einmal im Fachhandel unterwegs sind (egal ob online oder vor Ort), dann schauen Sie sich am besten auch gleich nach den ersten **Trainingsutensilien** um. Dazu zählen: ein **Clicker**, (geeignete) **Leckerchen**, eventuell eine **Schleppleine** und nach Bedarf ein **Target-Stick.** Um auch unterwegs gerüstet zu sein, empfiehlt sich eine **Leckerlitasche**. Diese sollte mehrere Fächer haben, robust und waschbar sein.

Außerdem sollten Sie genügend **Kauartikel** einkaufen, denn diese sind gleich in vielerlei Hinsicht von Vorteil. Sie bieten Beschäftigung, Abwechslung, helfen im Zahnwechsel und reinigen die Zähne.

Natürlich darf auch Futter nicht fehlen. Meist gibt der Vorbesitzer oder Züchter Ihnen bereits das gewohnte Futter Ihres Doodles mit. Sie können dann entscheiden, ob Sie dieses weiterfüttern oder auf ein anderes Futter umstellen möchten. Wichtige Informationen dazu finden Sie weiter hinten im Buch. Zum Füttern gehört auch ein Napf. Egal ob **Edelstahlnapf,** mit oder ohne Rand, **Keramiknapf**, **Anti-Schling-Napf** oder **Näpfe im Napfständer** (z. B. für große Rassen). Auch hier entscheidet größtenteils der Geschmack des Halters. Dem Hund ist es in der Regel relativ egal, woraus er frisst.

Ein weiterer Punkt ist die **Pflege** Ihres Doodles. Doodles haben oftmals mittellanges und welliges Fell, welches zwar wenig haart, jedoch zum Verfilzen neigt. Dementsprechend ist eine Grundausstattung für die Fellpflege essenziell. Dazu gehören beispielsweise eine **Bürste** und ein **Kamm**. Welche Utensilien sich hier anbieten erfahren Sie weiter hinten im Buch.

Des Weiteren sind auch Utensilien wie eine **Zeckenzange**, **Krallenschere**, **Kotbeutel** und gegebenenfalls ein **Erste-Hilfe-Set** wichtig.

Für den Transport im Auto haben Sie die Wahl zwischen **einer Transportbox im Kofferraum**, einem **Trenngitter,** die hinter der Rücksitzbank angebracht wird und verhindern soll, dass der Hund bei einem

Auffahrunfall nach vorn geschleudert wird und Anschnallgurten mit speziellen Geschirren. Je nach Kofferraumgröße ist eine Transportbox die beste Wahl.

Fassen wir also noch einmal zusammen:

Einkaufsliste

- Halsband, falls Sie dieses nicht vom Züchter/Vorbesitzer bekommen
- Eine Leine
- Gut sitzendes Geschirr
- Näpfe
- Bettchen, Körbchen oder Kennel
- Trainingsutensilien (Clicker, Leckerchen, Target-Stick), Schleppleine
- Futter
- Kauartikel
- Leckerlitasche
- Zeckenzange, Krallenschere
- Erste-Hilfe-Set
- Bürste, Kamm
- Transportbox für das Auto oder Trenngitter oder Anschnallgurt

Die Erziehung des Doodles

Wenn Sie sich für einen Welpen entschieden haben, dann beginnt jetzt eine recht anstrengende, aber auch aufregende und schöne Zeit, denn jetzt liegt es an Ihnen, aus Ihrem Welpen einen wohlerzogenen Hund zu machen. Darum erfahren Sie jetzt, was Sie dabei alles beachten müssen, welche Dinge Ihr Welpe unbedingt lernen sollte und wie Sie dafür sorgen, dass Ihr Welpe verträglich bleibt. Des Weiteren erhalten Sie wertvolle Tipps für den Alltag mit Ihrem Doodle und wie Sie ihm beibringen können, allein zu bleiben. Diese Tipps sind natürlich auch bei älteren Hunden anwendbar.

EINGEWÖHNUNGSPHASE IM NEUEN ZUHAUSE

Egal ob Welpe oder älterer Hund – Ihr Doodle muss sich bei Ihnen zuhause erst einmal eingewöhnen. Das kann, je nach Charakter des Hundes, wenige Tage, aber auch mehrere Wochen dauern. Eingewöhnen heißt in diesem Fall, dass der Hund sich an Sie, die neue Umgebung und den alltäglichen Ablauf gewöhnt und nicht mehr auf jede kleine Neuigkeit reagiert, sondern langsam beginnt zu entspannen. Sie helfen ihm dabei, indem Sie ihn freundlich behandeln, ihm Zeit geben alles zu erkunden und ihn nicht überfordern.

Zur Überforderung zählt vor allem das Einladen von Freunden und Familie, denn es ist für Ihren Doodle schon aufregend genug sich an Sie und Ihre Familie zu gewöhnen. Richten Sie außerdem vor dem Einzug alles her, damit sich Ihr Hund direkt wohlfühlen kann und z. B. direkt einen Rückzugsort vorfindet. Stellen Sie außerdem das Futter nicht unbedingt direkt in den ersten Tagen auf eine neue Sorte um, da der Stress des Umzugs auf den Magen schlagen kann. Auch der erste Besuch in der Hundeschule sollte nicht direkt in den ersten 2 Wochen nach dem Einzug stattfinden.

Das heißt jedoch nicht, dass Ihr neues Familienmitglied in dieser Zeit komplette Narrenfreiheit hat. Gewöhnen Sie ihn direkt an Ihren normalen Alltag, damit Ihr Doodle direkt weiß, wo es lang geht und was ihn zukünftig erwarten wird.

DIE BEZUGSPERSON

Jeder Hund entwickelt irgendwann einen besonderen Draht zu jemandem aus der Familie. Wer das ist, ist schwer vorherzusagen. Oftmals ist es jedoch so, dass sich Hündinnen eher an den Mann halten und Rüden an die Frau. Das muss jedoch nicht immer so sein. Sie werden schnell merken, wen sich Ihr Doodle als Bezugsperson ausgesucht hat.

Das heißt jedoch nicht, dass fortan nur noch diese Person mit dem Hund „umgehen" soll. Es bedeutet nur, dass Ihr Doodle sich zukünftig eher am Verhalten seiner Bezugsperson orientieren wird, wenn es zum Beispiel Konflikte gibt, er Angst hat oder es darum geht ihn an etwas Neues heranzuführen. Das können Sie sich in schwierigen Situationen zunutze machen. Die Bezugsperson sollte also auch immer für den Doodle da sein, um ihn zu unterstützen und ihm die Angst, zum Beispiel vor neuen Situationen, zu nehmen.

SOZIALISIERUNG

Besonders Welpen schätzen die Gegenwart anderer Hunde und sind auch für andere Lebewesen immer noch sehr offen. Diese Zeit sollten Sie daher nutzen, um Ihren Doodle an so viele andere Lebewesen wie möglich heranzuführen. Egal ob andere Hunde (verschiedener Größen und verschiedenen Alters), andere Tiere oder eben auch fremde Menschen. Sorgen Sie dafür, dass Ihr Welpe fast ausschließlich positive Erfahrungen sammelt.

So wird er auch später keine Scheu haben und offen und freundlich reagieren. Natürlich lässt es sich nicht immer vermeiden, dass Ihr Welpe z. B. Angst bekommt vor einem großen Tier. Seien Sie dann für ihn da und vermitteln Sie ihm Sicherheit. Das hilft Ihrem Doodle ein gesundes Selbstbewusstsein zu entwickeln.

Anmerkung: Oftmals hört oder liest man, dass man den Hund nicht „trösten" soll, wenn er Angst hat. Das ist grundlegend FALSCH. Sie sollten sich stattdessen sogar eher in der Pflicht sehen, für Ihren Hund da zu sein! Ihr Hund hat nur Sie und ist Teil Ihrer Familie. Wenn er von seiner Familie keinen Rückhalt bekommt, verliert er das Vertrauen. Darum ist es sehr wichtig, Ihrem Doodle die Rückzugsmöglichkeit bei Ihnen nicht zu verwehren. Stehen Sie ihrem Hund bei und zeigen Sie ihm durch ruhige Ansprache, dass er keine Angst zu haben braucht.

VERGESELLSCHAFTUNG MIT ANDEREN HUNDEN

Wenn bereits ein anderer Hund in der Familie lebt, dann ist es wichtig, vor der Anschaffung des Doodles sicherzugehen, dass der vorhandene Hund Wert darauf legt, sein Zuhause fortan mit einem weiteren Hund zu teilen. Ist Ihr bisheriger Hund also sozial, dann könnten Sie beispielsweise für ein Wochenende den Hund eines Freundes mit zu sich nach Hause holen, um zu schauen, ob Ihr Hund auch innerhalb der eigenen vier Wände zu schätzen weiß, dass ein weiterer Vierbeiner mit im Haushalt lebt.

Klappt das gut und Ihr Hund zeigt deutlich, dass er sich darüber freut, vierbeinige Gesellschaft zu haben, dann steht der Adoption eines weiteren Hundes nichts im Weg.

Sollten Sie sich für einen Welpen entscheiden, dürfte die Vergesellschaftung wenig Probleme bereiten. Bei einem älteren Hund sollte das erste Aufeinandertreffen etwas besser geplant werden und beide Hunde sollten sich schon vor der Adoption kennenlernen dürfen.

So oder so sollte die erste Begegnung lieber draußen, am besten auf unbekanntem Gebiet, stattfinden. So können Sie zum Beispiel erst einmal einen ausgedehnten Spaziergang zusammen unternehmen, bei dem sich die Hunde beschnüffeln können. Erst wenn das ruhig und harmonisch abläuft, können Sie den neuen Hund mit in Ihr Zuhause nehmen. Vergessen Sie jedoch nicht, Ihren Ersthund weiterhin zu verwöhnen, damit er nicht eifersüchtig wird auf den „Neuen". Das fällt besonders schwer, wenn ein Welpe eingezogen ist, den natürlich alle knuddeln und liebkosen wollen. Vernachlässigen Sie dabei aber bitte den vorherigen Hund nicht.

Für Begegnungen außerhalb der eigenen vier Wände gilt: Angeleinte Hunde sollten niemals Kontakt zueinander aufnehmen. Die Leine kann Aggressionen schüren, denn Hunde wissen, dass sie angeleint sind und somit bei einer möglichen Auseinandersetzung nicht fliehen können. Außerdem passiert es schneller als man denkt, dass sich die Leinen verheddern und die Hunde so in Stress geraten. Lassen Sie also immer genügend Abstand zu anderen Hunden, wenn beide Hunde angeleint sind.

Sollten Sie gerade mit Ihrem unangeleinten Doodle unterwegs sein und Ihnen begegnet ein angeleinter Hund, so sollten Sie Ihren Hund ebenfalls anleinen. Erst nach einer Kontaktaufnahme mit dem Hundehalter und der Abklärung, ob Kontakt zwischen den Hunden erwünscht ist, dürfen beide Hunde (möglichst gleichzeitig) abgeleint werden. Achten Sie jedoch VORHER auf die Körpersprache des anderen und auch Ihres eigenen Hundes, um sicherzugehen, dass das eine ruhige und nette Begegnung wird. Sollte einer der Hunde zeigen, dass er kein Interesse hat, sollten das beide Hundehalter akzeptieren. Nicht jeder Hund möchte ständig Kontakt zu fremden Artgenossen aufbauen und das ist ihr gutes Recht, denn auch wir wollen nicht ständig mit fremden Menschen kommunizieren (müssen) und erlauben es uns, Antipathien gegen bestimmte Menschen zu hegen. Dieses Recht sollten wir auch unseren Hunden eingestehen.

VERGESELLSCHAFTUNG MIT ANDEREN TIEREN

Eine Gewöhnung an andere Tiere sollte in jedem Fall auch stattfinden. Mit einem Doodle Welpen gestaltet sich das auch sehr einfach, da Welpen generell noch sehr offen und freundlich sind und noch keine schlechten Erfahrungen gemacht haben.

Fangen Sie jedoch nicht unbedingt direkt mit einem 600 kg Pferd an, sondern tasten Sie sich langsam vor. Insofern andere Tiere mit im Haushalt leben, wie zum Beispiel Katzen oder Kleintiere, ist dies ein guter Anfang. Machen Sie Ihrem Welpen jedoch von Anfang an klar, dass man sich anderen Tieren besser ruhig und gesittet nähert und nicht stürmisch auf sie draufspringt. Das erreichen Sie nicht, indem Sie Ihren Welpen maßregeln, sondern indem Sie ihn dafür belohnen, wenn er ruhig bleibt. Nähern Sie sich erst dann weiter dem anderen Tier, wenn sich Ihr Welpe ruhig verhält. So lernt er, dass man nur mit Ruhe und Geduld an sein Ziel kommt.

Verhindern Sie jedoch, dass Ihr Welpe das andere Tier als Spielzeug oder „Kauartikel" missbraucht. Zwar erkunden Hunde ihre Umwelt auch mittels ihrer Zähne, doch die sollten besser nicht in die Katze oder das Kaninchen gehauen werden. Sagen Sie deutlich „Nein" und nehmen Sie den Welpen von dem anderen Tier weg. Versuchen Sie es dann erneut und belohnen Sie Ihren Doodle, wenn er artig ist.

ANFORDERUNGEN AN DIE ERZIEHUNG DES DOODLES

Einen Doodle zu erziehen ist, in der Theorie, sehr einfach, da diese Hunde durchaus intelligent sind und schnell lernen. Das Problem daran ist nur: Sie lernen auch sehr schnell, wie sie auf ihre Art und Weise bekommen, was sie wollen und sie langweilen sich schnell.

Das stellt an Sie als Halter die Anforderung, dass Sie

Ihren Doodle immer ausreichend auslasten. Damit ist jedoch nicht nur die körperliche Auslastung gemeint, sondern vor allem die geistige. Ihr Doodle ist ein intelligenter Hund, dessen Gehirn ebenfalls gefordert und gefördert werden möchte. Tun Sie dies nicht, sucht sich Ihr Hund mit sehr hoher Wahrscheinlichkeit selbst eine Beschäftigung. Ob Ihnen diese allerdings gefällt bleibt zu bezweifeln. Seien Sie sich also im Klaren, dass die Auslastung Ihres Hundes durchaus mehrere Stunden am Tag in Anspruch nehmen kann. Natürlich sollen Sie jetzt nicht jeden Tag 10 Stunden mit dem Hund am Rad laufen, Agility machen und Tricks üben, denn das würde zu Beginn eine Überforderung darstellen und im Laufe der Zeit eine „Gewöhnung" an diese Menge der Auslastung, was zur Folge hat, dass Sie immer mehr machen müssen, um Ihren Hund müde zu bekommen.

Suchen Sie also nach einem gesunden Maß aus körperlicher und geistiger Beschäftigung. Diese erreichen Sie zum Beispiel durch eine Kombination von ausgedehnten und teilweise spannenden Spaziergängen, bei denen Sie Ihren Doodle über breite Baumstämme balancieren lassen oder Suchspiele in den Spaziergang integrieren. Außerdem können Sie auch zuhause viel mit Ihrem Hund machen. So zum Beispiel „Trickdogging". Bei dieser Art der Beschäftigung bringen Sie Ihrem Doodle verschiedenste Tricks bei, wie zum Beispiel „Rolle machen“, oder Leckerchen fangen, oder sogar das Ausziehen von Socken. Ihrer Fantasie sind dabei fast keine Grenzen gesetzt. Achten Sie jedoch immer darauf, dass Ihr Doodle diese Tricks auch ausüben kann, also die körperlichen Voraussetzungen dafür erfüllt und dass er sich dabei nicht verletzt. So sind viele Übungen eher etwas für ausgewachsene Hunde, deren Körper bereits gefestigt ist.

DEN DOODLE ALLEIN LASSEN

Auch wenn man gerade zu Beginn, gern den ganzen Tag mit seinem neuen Doodle verbringen möchte, so ist dies in der Regel nicht möglich. Weiter vorne im Buch haben Sie ja bereits den Tipp erhalten, sich 1-2 Wochen Urlaub zu nehmen, wenn Ihr neuer Vierbeiner einzieht. Wenn diese Zeit um ist, ruft in der Regel der Berufsalltag wieder. Das ist eine wahnsinnige Umstellung für Ihren Doodle.

War bisher immer jemand zu Hause, wäre er ab diesem Tag plötzlich allein. Damit er dadurch kein Trauma bekommt und zum Beispiel Trennungsangst entwickelt, ist es sehr wichtig, ihm beizubringen, dass es nicht schlimm ist, wenn „seine“ Menschen die Wohnung auch einmal verlassen. Beginnen Sie dafür am besten damit, dass Sie nur für wenige Sekunden den

Raum verlassen und die Tür hinter sich schließen. Nutzen Sie dafür einen Moment, in dem Ihr Hund sowieso gerade müde ist und wenig Lust hat sich zu bewegen. Öffnen Sie dann die Tür wieder und tun Sie so, als wäre nichts gewesen, denn Ihr Hund soll lernen, dass es ganz normal ist, dass er seine Menschen ab und zu nicht mehr sehen kann. Er kapiert dann recht schnell, dass das gar nicht schlimm ist und Sie ja immer wieder zurückkommen.

Bleibt Ihr Doodle ruhig, wenn Sie den Raum verlassen und außer Sicht sind, können Sie **ganz langsam** die Zeiten verlängern, in denen Sie außer Sicht sind. Übertreiben Sie es hier jedoch nicht. Sollte Ihr Doodle doch einmal anfangen zu jaulen oder zu bellen, dann warten Sie bitte, bis er damit aufgehört hat. Ansonsten lernt er, dass er durch jaulen und bellen seine Menschen dazu bewegen kann zurückzukommen und wird dies fortan immer tun. Das dürfte jedoch den Nachbarn nicht wirklich gut gefallen und ist außerdem eine sehr stressige Angewohnheit, die Ihrem Doodle nicht guttut.

Ihr Urlaub neigt sich dem Ende und Sie haben bereits Fortschritte beim Alleinlassen Ihres Doodles gemacht? Das ist super! Wenn Sie aber wissen, dass Sie dann ab nächster Woche für 8-10 Stunden außer Haus sein werden, dann ist das für Ihren Hund eine wahnsinnige Steigerung von den Minuten, die er bisher allein war. Darum ist es ratsam, sich nach einem **Hundesitter oder Gassi-Service** umzuschauen. Das mag erst einmal übertrieben wirken, doch Sie dürfen nie vergessen, dass Ihr Hund nur Sie hat. Wenn er dann so lange allein sein muss, ist das für ihn nicht schön.

Das gilt im Übrigen nicht nur für Welpen, für die das noch eher zum Trauma werden kann, sondern auch für erwachsene Hunde. Diese haben zwar in der Regel nicht wirklich ein Problem damit allein zu bleiben, doch auch dann sollten 5-6 Stunden das Maximum sein. Alles andere ist für Ihren Hund wirklich nicht schön. Darum ist die Betreuung durch jemand anderen die bessere Wahl. So kommt Ihr Doodle tagsüber raus, trifft Hundefreunde, kann sich austoben und danach schlafen, bis Sie nach Hause kommen. Nutzen sie also die Eingewöhnungszeit auch dafür, Ihren Hund mit seinem zukünftigen Gassi-Gänger bekannt zu machen.

TIPPS & TRICKS FÜR DEN ERZIEHUNGSALLTAG

Doodle sind sehr gelehrige und intelligente Hunde, die gefordert und gefördert werden müssen. Versäumen Sie es, Ihren Doodle auszulasten, wird er sich selbst eine Beschäftigung suchen. Um dies zu verhindern, sollten Sie täglich Zeit investieren, um Ihren Doodle nicht nur körperlich, sondern auch geistig auszulasten.

Lassen Sie sich von seinem Charme und seinem süßen Aussehen nicht täuschen! Doodle wissen ganz genau, wie sie ihre Besitzer um den Finger wickeln können. Setzen Sie klare Regeln fest und halten Sie diese auch ein. Etwas, was Sie Ihrem Doodle einmal erlaubt haben, wird er ab sofort immer wieder einfordern.

Arbeiten Sie niemals mit Druck, lauter Stimme oder gar Schmerz. Nicht nur, dass dies tierschutzwidrig ist – es wird Sie im Training auch nicht vorwärtsbringen. Doodle sind sehr sensible und feinfühlige Hunde, die auf Druck entweder mit Gegendruck oder Trotz reagieren. Bestärken Sie Ihren Doodle stattdessen für richtiges Verhalten und Sie werden sehen, dass Ihr Doodle „wie von selbst" das immer öfter tut, was Sie von ihm verlangen. Denn auch Hunde arbeiten belohnungsorientiert. Dinge, die sich für sie lohnen, tun sie öfter. Dinge, die sich nicht (mehr) lohnen, werden irgendwann nicht mehr getan.

Nutzen Sie gerade bei Welpen den offenen und freundlichen Charakter aus, um Ihren Doodle an alle möglichen Dinge und Geräusche zu gewöhnen. So erziehen Sie sich einen wesensfesten und unerschrockenen Hund, der eine hohe Sozialkompetenz aufweist.

Gewöhnen Sie Ihren Doodle auch an Situationen, die nicht unbedingt täglich auftreten. Dazu zählt zum

Beispiel das Stillhalten beim Frisieren oder das Anfassen an jeder Körperpartie, was insbesondere bei Tierarztbesuchen vorkommen kann. So lernt Ihr Doodle, dass das nichts Schlimmes ist und ihm nichts passiert. Das erleichtert Ihnen auch spätere Hundefriseur- oder Tierarztbesuche. Außerdem sollten Sie jederzeit in der Lage sein, Ihren Doodle an sämtlichen Körperbereichen zu berühren, um mögliche Wunden versorgen zu können.

Haltung, Pflege, Fütterung

Nun gehört zur Haltung eines Doodles nicht nur Spazierengehen und Schlafen, sondern eben auch der ganz normale „Alltag". Dazu gehören auch die Pflege und die Fütterung. Damit Sie auch dafür gewappnet sind, erhalten Sie jetzt viele Tipps und Informationen zur Haltung Ihres Doodles.

Im täglichen Zusammenleben mit Ihrem Doodle stehen Sie vor vielen Aufgaben und Tätigkeiten, die in regelmäßigen Abständen erledigt werden müssen. Dazu zählt natürlich auch das Gassigehen und Spielen, aber eben auch die Fütterung und Pflege.

DIE RICHTIGE FÜTTERUNG – WAS BRAUCHT DER DOODLE?

Doodle sind vom Grundprinzip her normale Hunde. Die Rassen, aus denen sie gezüchtet werden, haben in der Regel keine spezifischen Anforderungen an das Futter und gelten meist als sehr „robust“ was ihre Verdauung angeht. Grundsätzlich können Sie hier also auf die regulären Tipps für die Hundeernährung zurückgreifen. Passen Sie jedoch auf, dass Sie Ihren Doodle nicht zum Mäkler erziehen.

Da es viele verschiedene Meinungen und Aussagen zum Thema Futter gibt, eine kurze Zusammenfassung:

- Hunde sind Fleischfresser, mit einer geringen Allesfresser-Komponente
- Der Hauptbestandteil der Ernährung sollte daher aus tierischen Produkten bestehen, wie Muskelfleisch, Innereien, Bindegewebe und auch Knochen
- Ein geringer Anteil kann aus pflanzlichen Produkten wie Gemüse und Obst bestehen
- Auf Getreide sollte möglichst verzichtet werden, da es das Risiko für Allergien steigert
- Ausgewogenheit ist das oberste Gebot
- Wenn Sie können, sollten Sie auf frische Nahrung, also rohes Fleisch, etc. setzen, anstatt auf Fertigfutter

- Wenn es doch Fertigfutter sein soll, sollten Sie immer einem guten Nassfutter den Vorzug geben und auf Trockenfutter verzichten, da es zu stark verarbeitet ist
- Wenn Sie Nassfutter füttern, ergänzen Sie dies mit der regelmäßigen Gabe von natürlichen Kauartikeln, die für die Zahnreinigung sorgen
- Bei Leckerchen sollten Sie möglichst ebenfalls auf Leckerchen setzen, die getreide- und zuckerfrei sind (z. B. getrocknetes Fleisch)

Es gibt die Möglichkeit, einen Fütterungsplan durch einen Ernährungsberater für Hunde erstellen zu lassen. Dieser errechnet den Bedarf Ihres Doodles und erstellt dann anhand dieser Werte einen Plan. Dabei können Sie angeben, ob Sie beispielsweise BARFEN möchten, für Ihren Doodle die Mahlzeiten selbst kochen möchten oder auf Fertigfutter zurückgreifen wollen. So sind Sie jedoch auf der sicheren Seite, was die Versorgung Ihres Doodles angeht.

GESUNDHEITSVORSORGE FÜR DEN DOODLE

Bei der Gesundheitsvorsorge für Ihren Doodle zählt das gleiche Prinzip wie bei uns Menschen: **So viel wie nötig, so wenig wie möglich.** Denn auch in der

Tiermedizin hat sich der Trend breitgemacht, dass bei jeder Kleinigkeit Antibiotika verschrieben werden, was über die Zeit und Menge hinweg zu Resistenzen führen kann.

Auch bei der sonstigen „Prophylaxe“ sollten Sie darauf setzen, Ihren Doodle so wenig wie möglich zu belasten. So ist die Empfehlung der **Entwurmung alle 3 Monate längst überholt**. Hier gilt: Lassen Sie den **Kot Ihres Doodles untersuchen**. Sind Würmer vorhanden, sollte selbstverständlich entwurmt werden. Sind jedoch keine Würmer vorhanden, wäre eine Wurmkur nicht nur unnütz, sondern auch eine vermeidbare Belastung des Tieres, denn diese Medikamente stören empfindlich die natürliche Balance der Darmbakterien. Wenn Sie also entwurmen müssen, weil ein Wurmbefall festgestellt wurde, sollten Sie danach in jedem Fall eine Darmsanierung durchführen, da ein geschädigter und angeschlagener Darm ein Eldorado für neue Würmer darstellt. Ein gesunder Hund mit einem starken, gesunden Darmmilieu bekämpft Würmer, bevor sie zum Problem werden.

Beim Thema Impfen gibt es heutzutage viele verschiedene Ansichten. Viele Tierärzte empfehlen schon lang nicht mehr die übliche Vorgehensweise der jährlichen Impfung, sondern raten oftmals zu einer individuellen Impfentscheidung. Es gibt aber auch genauso Tierärzte, die dazu raten, den Hund gar nicht mehr impfen zu lassen. Das ist eine Entscheidung, die Sie somit für sich und Ihren Hund treffen müssen. Informieren Sie sich ausgiebig über die Möglichkeiten und entscheiden Sie dann nach Ihrem Gefühl und Ihrem Gewissen. **Es gibt genügend Argumente *für* und *gegen* das Impfen**. Wie Sie das schlussendlich handhaben, obliegt allein Ihnen. Auch Ihr Tierarzt darf keine Impfung oder Behandlung ohne Ihre Zustimmung durchführen. Er darf Sie lediglich beraten. Lassen Sie sich also zu nichts überreden, was gegen Ihre Entscheidung steht.

Neben Impfen und Entwurmen ist oftmals auch die **Zeckenprophylaxe** ein Thema. Auch hier sollten Sie zuerst die **natürlichen Varianten** testen, **bevor Sie zur Chemie greifen**, da die chemischen Antiparasitika aus *Nervengift* bestehen und gerade Mischlinge aus Australian Shepherd oder Border Collie, aufgrund eines Gendefektes, sehr empfindlich auf solche reagieren können. Der Markt bietet heute jedoch eine große Auswahl an natürliche Varianten, die man ausprobieren kann. Von Kokosöl, Bernstein, über EM (effektive Mikroorganismen), bis Cistus Incanus ist alles dabei. Ansonsten gilt: Suchen Sie Ihren Hund nach jedem Spaziergang gründlich ab und ziehen Sie Zecken, die sich bereits im Hund „verbissen" haben, schnellstmöglich heraus.

Interessanter Fakt: Es gibt bei Hunden kaum

nachgewiesene Fälle von Borreliose. Es scheint, als wären sie von Natur aus gegen diese Erkrankung gewappnet. Andernfalls wären ihre wilden Verwandten, die Wölfe, die sich Tag und Nacht durch Wälder, Felder und Gestrüpp bewegen und viele Zecken einsammeln, wohl schon längst ausgestorben.

Sie sehen also: Unsere vierbeinigen Begleiter sind sehr viel robuster als man glauben mag.

DIE SPEZIFISCHE FELLPFLEGE DES DOODLES

Doodle-Rassen weisen aufgrund Ihrer Pudelverwandtschaft eine besondere Haarstruktur auf. Bei manchen Verpaarungen ist diese stärker ausgeprägt als bei anderen. Grundsätzlich gilt: Die Haare, die ein Doodle verliert, sind deutlich weniger allergen als die Haare anderer Hunde. Sie haaren außerdem kaum.

Natürlich verlieren auch Doodle hin und wieder ein paar Haare, aber bei Weitem nicht so viele, wie andere Rassen. Durch die vielen Wellen und Locken bedingt, neigt das Fell der Doodle-Rassen jedoch dazu, zu verfilzen. Außerdem wächst das Fell unaufhörlich weiter. Eine gewisse Pflege des Fells ist daher unabdingbar.

Dafür gibt es zwei Möglichkeiten: Sie lassen Ihren Doodle durch einen Hundefriseur in regelmäßigen

Abständen frisieren und übernehmen zuhause nur das Bürsten, oder Sie lassen es sich zeigen und übernehmen fortan die komplette Pflege Ihres Doodles selbst.

Besuch beim Hundefriseur

Viele Hundehalter trauen sich nicht, ihren Hund selbst zu frisieren. Diese „Angst“ ist auch gar nicht unbegründet, denn es gibt durchaus ein oder zwei Dinge, die man dabei beachten sollte. So sollte man es tunlichst vermeiden, die Tasthaare an der Schnauze zu kürzen, wenn man das Gesicht „freischneidet“.

Außerdem gibt es bestimmte Regionen, die man bei der Fellpflege auf keinen Fall vergessen sollte. Dazu zählen die Haare zwischen den Zehen, sowie das Fell am Po des Hundes und auch die Haare in den Ohren, die zu unschönen und wiederkehrenden Ohrenentzündungen führen können. Darum ist der Gang zum Hundefriseur keineswegs verkehrt und insbesondere für Anfänger die richtige Wahl. Dort wird der Hund von ausgebildeten und erfahrenen Hundefriseuren wieder hübsch gemacht und Sie haben weniger Arbeit.

Außerdem kann Ihnen der Hundefriseur sagen, zu welcher „Fell-Variante“ Ihr Doodle gehört, denn es besteht durchaus die Möglichkeit, dass Doodles Unterwolle entwickeln. Dann besteht zum einen „Scher-Verbot“, da die Unterwolle meist schneller nachwächst als das Deckhaar und der Hund so „verwollt“, also mehr Unterwolle bildet und das Deckhaar somit verdrängt wird, und zum anderen sind diese Fellvarianten etwas pflegeaufwändiger. Sobald das geklärt ist, spricht jedoch nichts dagegen, dass Sie sich vom Hundefriseur zeigen lassen, wie er bei seiner Arbeit vorgeht, sodass Sie das meiste auch selbst zuhause erledigen können. Dafür bedarf es jedoch einiger Utensilien. Welche das sind, erfahren Sie gleich.

Vorher noch ein Tipp: Wenn Sie sich dazu entschließen mit Ihrem Doodle zum Hundefriseur zu gehen, dann sollten Sie den Friseur gewissenhaft auswählen und beim ersten Termin nur mit etwas Bürsten beginnen, damit sich Ihr Doodle an die ungewohnte Umgebung, das ungewohnte Handling und den Friseur gewöhnen kann und keine schlechten Dinge mit dem Hundefriseur verbindet. Die meisten Hundefriseure begrüßen einen solchen Kennenlerntermin, da diese positive Verknüpfung dazu führt, dass die Hunde in Zukunft weniger Stress haben und sich somit leichter händeln lassen.

Den Doodle allein scheren & frisieren

Wenn Sie sich dazu entscheiden Ihren Doodle selbst zu frisieren, dann benötigen Sie dafür das passende Equipment. Dazu zählen:

- Zupfbürste (mit der loses Unterfell ausgezupft wird, wenn Ihr Doodle Unterwolle besitzt)
- Weiche Bürste (für Doodles mit kurzem und mittellangem Deckhaar)
- Eine Schere für Hundefell (es gibt sogar extra Scheren für Pudelhaare)

- Mildes pH-neutrales Hundeshampoo, welches rückfettend wirkt
- Ein Handtuch
- Eine Schermaschine (nur, wenn Ihr Doodle KEINE Unterwolle besitzt!)

Begonnen wird immer erst mit dem Baden des Doodles, damit Dreck und Schmutz aus dem Fell ausgewaschen werden. Das macht das Frisieren einfacher, insbesondere wenn mit einer Schermaschine gearbeitet wird. Anschließend muss der Doodle mit dem Handtuch trocken „gestreichelt" werden.

Vermeiden Sie es, zu viel zu rubbeln, da er sonst am Ende wie „toupiert" aussieht. Anschließend sollte entweder geföhnt oder noch etwas „luftgetrocknet" werden.

Dann kann es mit dem Frisieren losgehen. Vergessen Sie dabei nicht den Po etwas freizuschneiden, damit das Fell nicht mit Kot verschmutzt wird. Insbesondere im Winter sollte außerdem auf sehr kurzes Fell zwischen den Zehen geachtet werden, damit keine Schneeklumpen entstehen können.

Die Augen sollten auch immer freigeschnitten werden, damit Ihr Doodle seine Umgebung problemlos wahrnehmen kann. Den Rest haben Sie beim Hundefriseur gesehen und sind so gewappnet, um Ihren

Doodle wieder „in Form“ zu bringen.

Bonuskapitel: Den Doodle erfolgreich im Hundesport führen

Natürlich können Doodle auch im Hundesport geführt werden. Durch ihre meist recht hohe Intelligenz verstehen sie auch sehr schnell, was ihr Halter von ihnen möchte. Es steht also einer erfolgreichen Karriere im Hundesport nichts entgegen. Jedoch gibt es auch hier ein paar Dinge, auf die Sie achten sollten.

GUT DING WILL WEILE HABEN: WANN KANN ICH BEGINNEN?

Welpen sind in ihrem Körperbau noch sehr weich. Solange Ihr Doodle also nicht ausgewachsen ist, sollten Sie auch noch keinen Hundesport mit ihm betreiben. Wann Ihr Doodle ausgewachsen ist, richtet sich natürlich auch danach, welche Rasse Sie gewählt haben und wie groß Ihr Doodle schlussendlich wird. Mit etwa 2 bis 2,5 Jahren sind jedoch alle Doodle ausgewachsen und dürfen fortan an den Hundesport herangeführt werden.

WELCHER HUNDESPORT IST GEEIGNET?

Nun stellt sich jedoch die Frage: In welcher Disziplin möchten Sie mit Ihrem Doodle antreten? Mittlerweile gibt es eine große Auswahl an Hundesportarten. Hier ein kurzer Überblick:

Agility = Hindernisparcours

Flyball = Hindernislauf mit anschließendem Ballfangen

Obedience = Gehorsamkeitstraining

Dog-Frisbee = Frisbee werfen mit unterschiedlichen Anforderungen

Dogdancing = eingeübte Choreografien zusammen

mit Ihrem Hund

Turniersport = Kombination aus Hindernislauf und Langstreckenläufen

Vielseitigkeit = Kombination aus Obedience, Fährtenarbeit und Schutzdienst

Zughundesport = das Ziehen von Schlitten oder anderen Gefährten

Grundsätzlich wären alle Sportarten für Doodle-Rassen geeignet, aber es gibt natürlich gewisse Einschränkungen. Besonders große Doodle-Varianten sind eher weniger für Agilty geeignet. Auch Hunde, die zu gewissen Gelenkerkrankungen neigen, sollten besser eine andere Sportart ausüben.

Für die meisten Hundesportarten gibt es Vereine, in denen Sie zusammen mit Ihrem Doodle einmal in die jeweilige Sportart „reinschnuppern" können. Entscheiden Sie also zusammen mit Ihrem Hund, was Ihnen beiden Spaß macht.

DEN RICHTIGEN VEREIN FINDEN

Einen Hundesportverein zu finden ist heutzutage, dank des Internets, recht einfach. Über eine Internetsuchmaschine können Sie entweder gezielt nach einem Verein für eine bestimmte Hundesportart suchen oder einfach einmal alle aufschreiben, kontaktieren und besuchen, um herauszufinden welche

Sportart Ihnen, aber vor allem Ihrem Doodle, liegt.

TIPPS & TRICKS FÜR DEN ERSTEN WETTBEWERB

Haben Sie sich für eine Sportart entschieden und betreiben Sie diese regelmäßig und mit viel Engagement, so stellt sich die Frage, ob Sie zusammen mit Ihrem Doodle nicht auch einmal an Wettbewerben teilnehmen möchten. Grundsätzlich gilt: Setzen Sie sich und Ihren Hund nicht zu sehr unter Druck. Es geht schließlich IMMER um den Spaß und die gemeinsame Zeit mit Ihrem Doodle. Kein Wettbewerb ist so wichtig, dass Sie dafür auf Grund von zu hohen Erwartungen die Beziehung zu Ihrem Hund riskieren. Überfordern Sie ihn also nicht und erwarten Sie auch im Wettbewerb nur das, was Ihr Doodle auch vorher schon zeigen und leisten konnte. Vergessen Sie außerdem die Belohnung nicht! Auch im Stress des Wettkampfs sollten Sie nie vergessen, dass Ihr Hund dort Höchstleistungen erbringt, für die er anschließend auch belohnt werden möchte.

Zusammenfassung

Doodles sind wunderbare Begleiter und durch ihre Felleigenschaften bieten Sie auch Menschen mit Allergien die Möglichkeit, ihr Leben mit einem vierbeinigen Begleiter zu teilen. Dabei bringen diese Hunde ein hohes Maß an Freundlichkeit, Aufgeschlossenheit, Intelligenz und Frohsinn mit und bereichern so das Leben ihrer Halter. Wenn Sie sich also für einen Doodle entschieden haben, haben Sie eine gute Wahl getroffen. Diese Hunde bestechen durch ihr niedliches Aussehen, ihren tollen Charakter und eine gewisse Spur Witz und erobern so die Herzen im Sturm.

Mithilfe dieses Ratgebers sind Sie auf jeden Fall gewappnet und wissen, worauf Sie sich einlassen und was fortan auf Sie zukommen wird. Egal ob

Anschaffung, Fütterung, Pflege und Auslastung – Sie wissen jetzt, wie der Alltag mit Ihrem Doodle sein wird.

Und all das, was nicht in diesem Buch geschrieben steht, schreibt das Leben. Das Leben, dass Sie mit Ihrem Doodle teilen werden.

Quellen

- https://www.animals-digital.de/hunde/hunderassen
- https://www.deine-tierwelt.de/magazin/hundesportarten-im-ueberblick-welcher-hundesport-ist-der-richtige/
- https://www.doodle-hunderassen.de/doodlerassen
- https://www.hundeo.com/hunderassen/
- https://momochita.wordpress.com/2016/04/18/pudelschur-anleitung/

1. Auflage

Autor wird vertreten durch:

Yusuf Aydogdu

Lennestraße 28

58791 Werdohl

aydogdu.yusuf@outlook.de

Printed in Poland
by Amazon Fulfillment
Poland Sp. z o.o., Wrocław

63871936R00045